AF366422

#Al otro lado del espejo

@Netbookk

Editora:
Susana Lluna Beltrán- @SusanaLluna

Fotografía Portada:
© Montserrat Vilimelis i Guitart - @moontseta

Fotografía Contraportada:
© Esther San Emeterio Lamborena – Eselfotografía.

Modelo Contraportada: Susan Mckenzi

© Bubok Publishing S.L., 2012
1ª edición
ISBN:978-84-686-2931-5 ISBN ebook 978-84-686-2932-2
Impreso en España / Printed in Spain
Impreso por Bubok

Dedicatoria

*Al otro lado del espejo hay un mundo infinito
habitado por todos aquellos que un día
nos atrevimos a cruzar el umbral de los sueños.*

No olvides que todo esto, en realidad, fue idea tuya.

Índice:

Una ligera vibración

Salió de su ciudad con calor y al llegar al norte le sorprendió una de las primeras nevadas. El frío de aquella ciudad se metía en sus huesos. Afortunadamente, el trabajo solo le llevaría lejos de los suyos dos días.

Con ese pensamiento se subió las solapas de su abrigo y llamó al taxi. Reuniones, llamadas, citas, correos. Apretones de manos, besos corteses pero indeseados... Muchas horas sentada, cafés de máquina y para rematar, la consabida cena con esos clientes tan importantes y con su jefe haciéndose el interesante.

Eres buena, muy buena interpretando tu papel. Aguantas carros y carretas, usas muy bien tu seductora sonrisa. Hay que desplegar todo el arsenal, usar todas las defensas y tener la coraza bien pulida para sobrevivir en este mundo de hombres de negocios. Por suerte, ya llevas mucha guerra en los tacones como para dejarte sorprender. La jovencita florero que os ha acompañado en el último momento a la cena no puede decir lo mismo. Por eso ella se queda al terminar la cena en el restaurante, mientras tú te vas.

Al salir del edificio, la noche y la nieve te hacen estremecer y arrebujarte en tu abrigo. En el bolsillo, bien agarrado, está tu móvil. Necesitas llegar al hotel cuanto antes, estás casi sin batería. No ha parado de enviarte mensajes durante todo el día. Has tenido incluso que quitarle el sonido. Pero te has negado a apagarlo, te has sorprendido a ti misma esperando esa ligera vibración que anunciaba un nuevo mensaje.

Lejos, muy lejos de todo esto, hay alguien que casi sin conocerte sabe más de ti que muchas otras personas. Y ese detalle, esa intimidad compartida, te tiene extrañamente atrapada ¿Cómo puede saber tanto de mí si apenas nos conocemos?, te preguntas cuando lees una observación o una frase suya, casi siempre acertada.

Te has dejado llevar por esa cómoda intimidad electrónica. Distante pero, a la vez, reconfortante y cálida. Es cortés y no usa palabras malsonantes, aunque llama a las cosas por su nombre. Sabe ser suave, pero también pinta escenas en tu imaginación que ya creías desgraciadamente olvidadas. Te vuelve a hacer sentir mujer ¿Qué querrá?, te preguntas. ¿Por qué tanta atención?, piensas extrañada.

Justo cuando estás pensando eso, notas una vibración en el móvil:
- ¿Has llegado al Hotel? - pregunta, atento, desde muy lejos.
- Estoy pagando al taxista, - contestas sonriendo, mientras te encaminas a la recepción.

Coges la llave. Otra vibración.

- ¿Cómo va esa espalda? De tantas reuniones, la tendrás hecha un cuatro. Creo que ayer te molestaba...

No puedes evitar sonreír. Lejos, a muchos kilómetros de distancia, alguien te hace la primera observación amable del día sobre tu posible cansancio. Y lo mejor de todo es que suena sincero.
- Recuerda lo que te comenté sobre un baño caliente - continua.
- Ya estoy en la habitación - contestas.

- Bien. Lo primero es llamar a casa y hablar con tus hijos - me dice, y yo me sonrío por esa familiar intimidad de las cosas sencillas. Después, toca quitarte el vestido negro que me has dicho que llevabas - se acuerda - no lo dejes todo tirado por ahí, desastre, aprovecha y cuélgalo bien en la percha. Esos instantes los aprovecharé yo para imaginarte en ropa interior. Supongo que llevas ese conjunto negro de la Perla que me has comentado te sienta tan bien... - va a conseguir sacarme los colores –. Veo que llevas las medias y los zapatos de tacón, hermosa visión. Date la vuelta – me pide -, y yo como una tonta, dando la vuelta delante del espejo, como si pudiera verme.

- Claro que puedo verte delante del espejo - ¡oh! exclamo mirando como una tonta la pantalla-, ahora toca llenar la bañera de agua bien caliente. Yo voy a dejarte un rato a solas. Toma tu baño despacio y prepárate, porque cuando salgas, quiero que como te he dicho esta mañana, lo hagas solo con la toalla, que cierres los ojos, te tiendas en esa enorme cama y me dejes hacer a mí...

- Ojala estuvieras aquí - le confieso a una pequeña pantalla, mientras una lágrima rueda silenciosa por mi mejilla.

- No llores cielo - me contesta -, pronto volverás a casa y podrás descansar. Cuando hayas tomado tu baño avísame, pero recoge el sujetador que, creo que se te ha caído al suelo, como siempre.

La pantalla del móvil me dice que, de momento, no hay mas mensajes. A pesar de ello, me quedo como estoy, sentada medio desnuda sobre la esquina de la cama durante unos minutos. Agarrando el sujetador que había dejado caer al suelo con una mano y el móvil con la otra. Sonrío levemente al recordar que, de nuevo, tenía razón: soy un desastre con la ropa.

Estoy lejos de casa y me siento sola. Él consigue con unas pocas palabras desmontar todas mis excusas, quitarme las corazas y dejarme indefensa como a una niña, pero en el mismo instante que rinde la plaza, cuando sabe que me entregaría en cuerpo y alma, me acoge y abraza con sus mensajes haciéndome sentir extrañamente bien y en paz conmigo misma y con los demás. No puedo dejar de pensar en los tiempos extraños que vivimos, donde el amor, el consuelo y el cariño pueden viajar a través de ondas invisibles, llegando a su destino y expresándose con un simple "bip" sonando en nuestro móvil o con una ligera vibración en nuestra mano, anunciándonos el interés de alguien aún desconocido que, sin embargo, está muy pendiente de nosotros al otro lado del mundo.

Dejo el teléfono cargándose en la mesita de noche y entro, por fin, en el cuarto de baño. Termino de desnudarme y me sumerjo en el agua caliente que ayuda a desprenderme de todo el cansancio del día. Otra vez él tenía razón. Un simple baño en silencio ha sido suficiente para que el agua se lleve muchas de mis pequeñas preocupaciones.

Ahora tengo que llamar a casa, hablaré con los peques un rato y luego, como me ha pedido, le avisaré de que estoy preparada solo para él. Un simple "ya estoy", una pequeña vibración y el mundo entero estará concentrado en la pequeña pantalla de mi móvil y mi soledad se tendrá que marchar fuera, con el frío y la nieve.

ഇൽ

Follamos ya...?

He de confesar que la pregunta tan directa, tan sincera, me ha sorprendido. Acabamos de dejar a tus hijos en el colegio, después de recogerme en mi hotel, tal y como habíamos quedado. Muy majos los gemelos, tan parecidos y sin embargo, tan diferentes. Tenías razón cuando me hablabas de ellos diciéndome que, a veces, los matarías. Debe ser duro ocuparte de ellos prácticamente tú sola, ser padre y madre, no poder contar con una familia que te apoye y sin la ayuda de tu ex.

La idea de aparcar lo más cerca de la puerta para que la pandilla de MILF's cotillas me pudieran repasar a gusto ha sido idea mía. Así tendrán de que hablar durante una temporada. A ti te ha hecho gracia y la verdad es que ha sido divertido verlas cuchichear disimulando malamente, sobre todo cuando he salido del coche a dejar el abrigo en el maletero. Ha sido por eso también, por la risa que nos ha dado al provocar esa situación divertida, por lo que me ha pillado desprevenido y me ha sorprendido tanto una pregunta tan directa. La has hecho mientras estirabas nerviosa la falda de tu precioso LBD a la vez que le dabas vueltas a las llaves del coche, sin mirarme directamente, observando por el espejo retrovisor por si alguien nos miraba.

No te he contestado enseguida. Me he quedado mirándote fijamente, esperando que levantaras la cara. Al no hacerlo, te he cogido la barbilla con suavidad y te he obligado a mirarme. Cuando he visto tus ojos, solo he dicho:

- Vamos a tu casa.

Tú has sonreído tímidamente y has arrancado. En el corto trayecto no hemos dicho nada ninguno de los dos. No hacía falta. Llevábamos más de dos años hablando casi a diario. Dándonos los buenos días y las buenas noches. Interesándome por las botas de los gemelos y preguntándome tú por mi trabajo. Ya habíamos hablado de casi todos los temas lo suficiente para intuir que nos llevaríamos bien. Teníamos la certeza de que esto tendría que ocurrir sí o sí. Cuándo y dónde era lo único que no teníamos claro, por eso en cuanto surgió la oportunidad del congreso no lo dudé ni un instante.

Me he quedado sentado de lado, mirándote mientras conduces. Observando el tirante de tu sujetador negro que asoma por el hombro del vestido, los pendientes de plata, esos que me dijiste te regaló tu madre para tu boda. El moño que te has arreglado en un momento con un palillo chino.
Se nota que te has querido poner más guapa que de costumbre. Te delata el leve tono de color en las mejillas, el brillo en los labios, el vestido que te queda tan bien, pero que no es el que llevas un día cualquiera para llevar a los niños al colegio. Los zapatos de tacón, las medias y, espero, el precioso ligero negro que un día me enseñaste en una fotografía.

- ¿Qué miras? - me preguntas extrañada.
- La forma de tu cuello, me encanta. Parece estar diciendo: "muérdeme" - contesto riendo.
- Mira que eres payaso - me dices, en un falso reproche.
- Mira que te gusta - te contesto yo.

Y se hace otro silencio. Lleno de miradas cómplices y con mi dedo acariciando ese cuello. Dedo y caricias que tú no rechazas, al contrario, las agradeces entrecerrando los ojos mientras te mordisqueas ligeramente el labio.

- Ya hemos llegado – me anuncias al poco, apagando el motor.
- ¿Entramos? - propongo yo.
- Mira, creo que yo... - empiezas a hablar intentando explicarte, pero te interrumpe mi dedo índice posándose, lento pero decidido, en tus labios.
- No digas nada aquí. Entremos.

Me miras, asientes y me obedeces en silencio. Sacas la llave del contacto. Salimos del coche. Te dejo pasar delante disfrutando de la cadencia de tus andares, mientras nos acercamos a tu casa. Antes de llegar a la puerta de entrada, te paras. Subes la pierna derecha al siguiente escalón apoyando el bolso en ella rebuscando dentro del bolso las llaves y me miras de reojo, mientras yo me dedico a observar detenidamente cómo la tela del vestido se ciñe un poco más a tus formas. Sonríes al verme, a pesar de que sabes perfectamente lo bien que te sienta ese vestido. Por fin encuentras el llavero.
Mientras llegamos a la puerta, abres y yo te dejo pasar la primera.

Se me ocurre de repente. Cuando entro detrás de ti, empujo la puerta con el pie mientras te cojo de brazo y con la mano que me queda libre dejo caer rápidamente mi bandolera al suelo. Al oír el ruido y notar mi mano, te giras y me miras. Sabes que no hace falta decir nada. Te dejas coger. Te quito el bolso y lo aparto con el pie, recojo las llaves y las dejo sobre la mesita de la estrecha entrada. Tú, inmóvil, no puedes dejar de mirarme fijamente y mientras te dejas hacer me acerco todavía más y te empujo suavemente con mi cuerpo contra la pared.

Cierras los ojos y ronroneas cuando, apartándote el pelo, hundo mi cara en tu cuello. Intentas cogerme la cabeza pero yo no te dejo. Cojo tus manos con las mías y las alzo hasta hacer que tropiecen con el perchero, te agarras al colgador, estas atrapada y te gusta. Lo veo en tu mirada desafiante Quieres morderme, pero no te dejo. Me separo ligeramente, y entonces te hablo, mirándote a los ojos, muy serio:

- No.
- ¿No... qué? - me preguntas, mientras te revuelves, queriendo soltarte.
- No quiero follar - te digo suavemente al oído, mientras mi lengua recorre tu cuello y mi cuerpo no deja que te muevas de donde estas atrapada.
- Pues menos mal... - dices riéndote.
- Te lo estoy diciendo en serio - contesto. No me conformo con ser otro - intento explicarte mientras me acerco un poco más y tú me rodeas con una de tus piernas, notando mi sexo excitado a través del pantalón.

Una sombra de duda pasa por tu mirada mientras tratas de averiguar si quién miente es mi boca o es mi cuerpo, aunque claramente puedas notar que me muero por ti.

- Tu polla no me dice lo mismo que me dicen tus labios - contestas con un reproche, divertida.

Y entonces te beso por primera vez.

Es *ese* beso. El tantas veces soñado, el que reúne en unos segundos tantas horas de conversación, tanto llanto, tanta comprensión. El que te afloja y hace que tengas que bajar la pierna que me apretaba y apoyar el culo contra la pared para poder mantener una mínima dignidad. El que te marea y te hace sentir la mujer que tú quieres ser. La que siempre has deseado. Ese beso.

Tímido y húmedo, sexy y cariñoso. Con las lenguas imperiosas reclamando su ración de deseo. Con las respiraciones acompasadas, el resumen de todos nuestros deseos cumplidos.

- ¡Joder! - exclamas sorprendida cuando paramos para poder respirar. ¿Y tú dices que no quieres follar? ¿Qué pasará cuando quieras?
- No he dicho eso. Lo que te quiero decir es que no quiero *solo* follar contigo.

Quiero poseerte, en cuerpo y alma, que seas mía y que tú sientas que quieres serlo. Exijo tu entrega, tu rendición. Quiero que pasado un tiempo, cuando estés en la cocina cortando patatas, tengas que sentarte porque las rodillas te flojean solo por el recuerdo de este momento. Quiero grabar en tu piel mi aroma, que me lleves dentro de ti y, a la vez, quiero que poseas hasta mi sombra. Que te la quedes para que siempre te haga compañía. Te quiero toda y entera para mí, a pesar de que no podamos estar juntos nunca más. Quiero que sea quien sea tu compañero en otro momento, nadie pueda entrar en el rincón que me guardarás en tu corazón. Quizá no volvamos a tener otra oportunidad... y *solo* quiero ser tu mejor recuerdo.

Mientras te susurro esas cosas bajito al oído, mi mano ha ido subiendo, intrépida exploradora, por tu pierna buscando el que en ese instante es el centro de nuestro pequeño universo. No me hace falta mirar a otro sitio más que a tus ojos ni atender a otro sonido que el de tu respiración agitada, cuando mis dedos entran por debajo de tus braguitas comprobando que estas completamente mojada, para saber cómo me deseas.

Un leve estremecimiento te sacude al notar mis dedos entrar despacio dentro de ti, eso me anima a seguir acariciándote, sin dejar nunca de mirarte. Te has quedado con las dos manos arriba y mi cuerpo sigue empujando al tuyo contra la pared. Mis labios recorriendo tu cuello y mis dedos buscando tu clítoris, conforman un cuadro del cual ninguno de los dos queremos salir.
Noto tu pecho subir y bajar cada vez mas rápido y escucho un sonido grave, profundo, que llega desde lo mas recóndito de tu alma y me dice que estas a punto de correrte. Ahora sí has bajado las manos, abrazándote a mi cuello, temerosa que de las oleadas de placer que ya te recorren conviertan tus piernas en plastilina y seas incapaz de mantenerte en pie.

Notas aliviada que te cojo fuerte de la cintura y, sabiéndote segura, te abandonas dulcemente a otro orgasmo. Cuando ya he notado tres, retiro mi mano de tu sexo suavemente y mirándote a los ojos me llevo los dos dedos a la boca, saboreando tu esencia más íntima.

Todavía no te has serenado cuando me miras muy seria y en un gesto de una ternura infinita, acaricias mi mejilla suavemente y me das un beso lento y dulce como la miel. En ese momento, me coges de la mano y me llevas escaleras arriba, hacia tu dormitorio. Menos mal, pienso sonriendo, que son dos días de congreso, porque hoy me parece que no voy a llegar a ninguna conferencia.

₭⌘

Te propongo un trato

Te propongo un trato.
Sí, un trato.
A ti, precisamente.

No te conozco mucho, pero mi intuición me dice que en ocasiones, a los desconocidos nos están permitidas licencias que a otros, más cercanos, les están vedadas, y por eso creo que no te disgustará mi oferta.

Por muy complicados que nos creamos, los seres humanos (hombres y mujeres) somos más simples que un ajo. Solemos dejamos llevar por las mismas emociones y necesidades básicas. Solamente necesitamos cariño y poder confiar en alguien. Casi todo lo demás es opcional.

Bueno, pues de eso se trata, de cariño y confianza. Yo me encargaré de que te sientas bien, no te preocupes. No hay más. Me atrevo a decirte esto porque es difícil que llegues a leer esta propuesta. Y en el improbable caso de que llegaras a leerla, espero que me concedas una muerte rápida y compasiva.

Me gustaría acompañarte a buscar esas agendas que tanto te gustan, o esos imanes para la nevera tan coloristas.

A cambio tan solo te pido que me dejes abrazarte, cogerte entre mis brazos y apretar tus miedos hasta hacerlos pequeñitos. Arroparte para que no pases frío y calentarte los pies en las largas noches de invierno.

Déjame susurrarte al oído pequeñas historias antiguas en blanco y negro, soplarte despacito justo debajo de la oreja, donde comienza tu melena, para ponerte la piel de gallina y hacerte cosquillas.

Cosas sencillas, sinceras. Tan difíciles de encontrar. No sé porque me he acordado de esto hoy... los recuerdos afloran cuando uno menos se lo espera.

Tan solo es un trato, si tú quieres. Pero date prisa, por favor, o se acabará este sueño, me despertaré y tendré que seguir adelante yo solo.

ഇ⊃രു

Baño

Me ha costado un poco, no conozco la casa y he de confesar que el hecho de que aceptaras mi invitación me pilló por sorpresa. Tantas conversaciones, tantos mails cruzados y aquel día cuando te lancé el órdago de ir a tu casa me sorprendió que aceptaras tan rápido.

Pero ya lo tengo casi todo preparado. El agua no está demasiado caliente pero sí lo suficiente como para que al entrar sientas como todo lo malo que llevas adherido a la piel, todas la batallas libradas, todos los disgustos y las penas se deshagan por arte de magia.

No te he dejado entrar en el baño para ayudarme y por eso me ha costado un poco más, pero al final he encontrado las velas que necesitaba y al fondo de un cajón unas sales minerales para dar un toque de olor al agua.

La habitación está templada para que no tengas frío y solo me queda cogerte de la mano y llevarte hasta allí. Veo que has sido una buena chica y me has obedecido, te has desnudado y te has puesto la bata que te he preparado, pero aun así te pongo una venda en los ojos, quiero que abras unos sentidos y que cierres otros.

Quiero que juegues con los aromas y los sonidos, te olvides de la vista y dejes libre tu piel y tu imaginación.

Tu pelo, recogido en un moño muy gracioso, rebela tu cuello... pero ...ejem. No nos distraigamos que ya estamos casi.

- Uf. ¡Qué calor! -me dices.

- Sí, es necesario que abras todos los poros de la piel -te explico- para dejar salir todo lo malo que se te ha ido pegando como una costra. Ahora, te voy a quitar la bata. ¿Me dejas?

- Sí - contestas bajito, todavía pudorosa, a pesar de haber aceptado las reglas de mi juego.

"Déjate llevar", te propuse. "Hasta donde me lleves", me contestaste tú, sonriendo tímidamente.

Y aquí estamos. Suelto el cinturón de la bata y la dejo resbalar lentamente. Sabes que estoy detrás de ti, y cuando ha caído del todo, giras levemente la cabeza y me sonríes. Yo te cojo de la mano, me la aprietas fuerte y desnuda en cuerpo y alma, me dejas que te ayude a entrar en la bañera. Hay tantas cosas encerradas en esa media sonrisa que no hace falta explicar... Confianza, esperanza, sueños, cariño, tu deseo de ofrecerte desnuda y a la vez tu súplica muda para que abrace a la niña que todavía vive dentro de ti, y que en algunas ocasiones se siente tan indefensa.

Te cojo de la mano y te ayudo a entrar en el agua caliente.

- ¡Uf! Está quemando – protestas.

- Tranquila, enseguida pasará. Déjame que te ayude.

- Ay, Uy, uf! - exclamas mientras te ayudo a tumbarte en la bañera, poco a poco.
Una vez dentro de la bañera, y al ir a quitarte la venda, me sorprendes otra vez:
-Déjamela puesta. Quiero sentir a través de la piel... - me dices - ... solo quiero sentir.

No puedes verla, pero una gran sonrisa ilumina mi cara. Da igual la venda, lo importante es que has aceptado el juego y que ahora, dentro del agua, te relajas y apoyas la cabeza hacia detrás, escuchando los pequeños chapoteos de la esponja empapada.
Cojo agua y te la dejo caer por los hombros y el tiempo se detiene. Las prisas, las dudas, los problemas se van disolviendo poco a poco en ese baño fragante y caliente.

Estamos en silencio, no hace falta nada más, yo tampoco espero nada más, pero de nuevo vuelves a sorprenderme...
-Empiezo a tener frío. ¿Entras y me abrazas? - me propones...

Sinceramente, no me lo esperaba. Ya ha sido de por sí un enorme placer que hayas confiado en mí para ayudarte. Pero esto...
-Ven - me dices, extendiendo tu mano, a ciegas - necesito que me abraces. Ponte detrás de mí, la bañera es grande y cabemos los dos. Abrázame. Hoy lo necesito.

No me lo pienso dos veces, me quito rápido la ropa y con tu ayuda me meto en la bañera. Me sorprende la agilidad con la que te acoplas y te recuestas encima de mi pecho. Coges mis manos y me ayudas a vencer mi timidez abrazando tu pecho y tu estómago. Con la venda aún puesta me susurras bajito: "cuéntame un sueño bonito, necesito escuchar tu voz"... Y pienso que es en estos momentos donde se esconde la verdadera felicidad...

- El sueño es estar aquí contigo, ahora. Venga, hazte hacia delante que te frote la espalda...

Tu media sonrisa me dice que estas a gusto. Y entonces, yo también soy feliz.

ಬೋಡ್

Lo que queda(ba) del día

*"Son extraños tiempos y, en consecuencia, extrañas
las formas que adopta el amor"*

22:11: A: ¡Buenas cielo! ¿Qué tal?

22:39: B: Cansadita. Será el calor . Y tú, ¿cómo estás?

22:45: A: Trabajando un poco.

22:45: B: Voy camino de una ducha fría de esas que primero te sacan un grito y luego un estremecimiento de placer. ¿Te vienes?

22:46: A: ¿Para hacerla menos fría? Dejaría el trabajo de inmediato ¡Voy!

22:47: B: Qué olor más rico tiene este Gel.

22:48: A: ¡Y yo trabajando! ¡Grrr! ¡Se va a poner toda tu piel muy interesante!

22:48: B: ¿Me frotas la espalda? Ahí donde no llego... Y luego puedes seguir por el cuello, ya que te pones...

22:51: A: En el medio, entre los omóplatos (chaval no mires para abaj...Jesús!!!....Ohhh) Ejem, ¿y el cuello? ¿y ese perfil? Necesito un poco de agua fría, por favor. Sí ahí mismo...

22:52: B: Creo que la ducha será de todo menos fría. Estoy por ir a por hielo. O no. Mejor sigue enjabonándome la espalda. Bicho, no sigas por ese camino que por ahí pierde su nombre...

22:54: A: Se me ha ido la mano...perdón. Me acerco un poco y así puedo enjabonarte por delante...¿puedo?

22:55: B: Venga. Te dejo. Pega tu cuerpo al mío, enjabona mi espalda con tu pecho y pasa las manos rodeando mi cintura. Arqueo la espalda. Creo que mis nalgas te buscan. ¡Qué puñeteras, tienen vida propia!

22:57: A: ¿La cintura? ¿Solo? ¿Y que hago con esto? Muévete un poco y la pongo entre tus nalgas. Ahí, justo ahí. Se me ha terminado el jabón, ¿me pones en las dos manos? Así. Y ahora desde tu cintura a tu estómago y siguiendo para arriba, madre del amor hermoso, me encanta cogerte por detrás.

22:58: B: Sube, mi pecho te espera ansioso. Y a mí sentirte crecer entre mis nalgas.

22:58: A: ¿Es mío? ¡Sí! ¿Y esos pezones? están para comérselos...

22:59: B: Juega con ellos, se pondrán ansiosos de sentir el pellizco de tus dedos.

23:00: A: Creo que ya hay bastante jabón. No, no voy a dejar que te gires. Las manos en la pared y así te tengo. Bocado al cuello y mordisqueo tus pezones. ¿Te gusta? ¿Sigo así? ¿O te gusta más fuerte?

23:01: B: Cielo.... Creo que te vas acoplando a mí. Espera así contra la pared abro un poco las piernas.

23:02: A: No muevas tu culo ¿Me notas en medio de tus nalgas? ¿Crees que si toco ahora tu sexo estarás lo bastante mojada como para que entre dentro de ti? Y sigo apretando tus pezones.

23:02: B: Sigue pellizcando mis pezones, que casi duelan. Así.

23:03: A: Aprieto tu espalda, agáchate un poco, que suave ha entrado ¿Me estabas esperando?

23:03: B: Podrás entrar dentro de mí suavemente. No cielo, no es ni agua ni jabón. Es mi cálida humedad que se derrama por ti. Te esperaba, se deslizaba por mis piernas buscándote. Mmm... como siento tu presión dentro de mí, se mueve hasta llenarme...

23:05: A: Las manos a la pared. Y mi dedo en tu boca, y tu chupándolo, ahora es cuando tú me pides que te apriete contra la pared, fuerte, sin soltar tu pecho, pero con todo dentro de ti. Empiezo a buscar tu clítoris y tus piernas empiezan a temblar. ¡Porque me sientes con todo dentro de ti!

23:06: B: Tiras de mi pelo para ver mi cara de placer, mi boca comiendo tu dedo y ves mis ojos encenderse cuando tocas mi clítoris.

23:07: A: Te mueves y me gusta. Mueve el culo conmigo dentro, pero no voy a dejar que te vayas todavía. Hay que hacer que disfrutes mucho. Tu sexo está tenso, enrojecido y esperando mis caricias y tu jadeando de placer. Te cojo del cuello y busco tu boca, quiero tu lengua mientras te corres.

23:07: B: Sigue, agarra mi pecho con una mano fuertemente, la otra entre mis piernas y embísteme fuerte contra la pared.

23:09: A: ¡Así! ¡Así! Y sigo acariciándote mientras te embisto, estoy duro dentro de ti y noto como te vuelves a correr. Eres mala y te ganas un azote al culo. Y nos entra la risa, pero no quiero salir. Ahora quiero inundarte por dentro.

23:09: B: Haz que vuelva a tener otro orgasmo y cuando me sientas derrumbar penétrame fuerte. Sacude todo mi cuerpo. Hazme gritar. Y que sienta como te corres dentro de mí, como me llena tu calor. Tira de mis caderas mientras descargas dentro.

23:13: A: No podrás gritar, aunque te corras tres, cuatro veces, porque estoy acaparando tu lengua. La quiero toda para mí. Coges mi culo y me aprietas contra tu espalda, quieres sentir como me vacío dentro de ti... Y allá va...todo mi calor. Pero no te suelto y mis espasmos los sientes tan cerca porque te cojo por la caderas y me hundo todavía más dentro de ti. Me cuesta respirar y sigo agarrando tus preciosos pechos mientras siento los últimos escalofríos y noto como por tus muslos se desliza parte del calor que te dado. Y entonces, te da la risa floja. ¡Esa maravillosa risa!

23:15: B: Espera, no salgas de la ducha. Quiero tu sabor. Me doy la vuelta y lamo tu sexo empapado de ti y de mí, lo recorro con la lengua mientras te miro a los ojos.

23:16: A: Me vas a volver loco. Esa mirada golosa, mientras lames mi sexo. Ahora si que nos tendremos que duchar, me dices, ya echándome los brazos al cuello y riéndonos mientras nos abrazamos. Me aprietas con tus pezones aún duros, mi sexo se frota, goloso contra el tuyo, y no podemos dejar de reír.

23:16: B: Aun late, esta caliente y empapado

23:16: A: De ti, de mí, de deseo...

23:16: B: ¡Eres maravilloso!, hablar contigo es siempre un placer. Gracias por estos momentos que me alegran lo que queda del día. Ahora tengo que acabar de hacer la cena. Buenas noches corazón.

23:17: A: Buenas noches y dulces sueños...

↵↴

Nota del autor: El lenguaje y la forma del relato se corresponden con el uso de una conocida aplicación para teléfonos móviles.

Noche de luna Llena

Esta noche es especial. No solo hay luna llena, sino que esa luna está mucho más cerca esta que ninguna otra noche del año y eso nos afecta a todos. Nosotros, los que estamos #alotroladodelespejo, habitantes de este extraño y mágico lugar, también podemos notar cómo el poderoso influjo de esa luna llena tan enorme afecta a nuestra gente.

En nuestro mundo especial, cada espejo es una ventana abierta hacia una casa situada en vuestro "lado real".

Hacía mucho que no pasaba por ésta en concreto. Es la casa de una pareja normal, con niños, llevan muchos años juntos y la rutina se ha instalado a dormir en su cama, justo en el medio de los dos. Puedo apreciar las arrugas de ella y la barba que él se ha dejado, no por descuido, sino por cambiar algo su aspecto. Una pequeña concesión a la rebeldía.

En cuanto he visto la luz en el baño me he dado cuenta de que esta noche es especial. Ella ha preparado "el vestido negro", uno que le parece apropiado para usar en las grandes ocasiones. No tiene nada del otro mundo, negro, un poco escotado por delante y mucho por detrás. Una buena tela, falda por debajo de la rodilla, con un estratégico corte.

Uno de esos integrantes imprescindibles de cualquier fondo de armario que consigue que ella se sienta guapa siempre que se lo pone. Pero no solo era el vestido que la esperaba encima de la cama, al fondo de la habitación. Se estaba maquillando, algo muy poco usual en ella: un toque de colorete, sombra de ojos discreta, un poco de brillo en los labios... y sonreía. No solo había una hermosa sonrisa en sus labios, sus ojos también brillaban. Contenta, parecía feliz y estaba completamente desnuda...

Ese "detalle" no era nada habitual en ella, siempre tan recatada. Claro que me ha llamado la atención y por eso me he parado #alotroladodelespejo, justo delante de su habitación.

Al poco he visto aparecer una sombra por detrás del marco de la puerta. Una manga de camisa, un brazo de hombre. Ella se ha girado ligeramente, pero nada más. Está justo delante del espejo y me impide apreciar ningún detalle. Solo puedo distinguir una sombra que se le acerca por detrás. Ella ha dejado las manos apoyadas encima del lavabo, todavía sostiene en la derecha el lápiz de labios. Pero está mirando fijamente el espejo. Tiene la piel erizada. Espera. La sombra del hombre parece que se ha situado justo detrás de ella que, a su vez, se ha incorporado ligeramente, separando un poco las piernas, pero quieta. Expectante.

El no la está tocando, al menos por lo que yo puedo ver. Me parece que le está hablando, solo puedo imaginarlo, no lo veo bien.

En estos momentos, solo tengo ojos para ella, espléndidamente desnuda de pie, frente al espejo.
Solo puedo intentar imaginar lo que él le está diciendo. Veo sus labios, entreabiertos, húmedos y el brillo que se refleja en su mirada.

No ha hecho ningún movimiento extraño, ningún gesto. Más bien parece que estuviera esperando, deseando que sucediera algo así. Quizá por eso estaba desnuda. Al situarse detrás de ella y acercarse lo suficiente a su oído, el hombre le ha empezado a hablar. Imagino que despacio, suave, susurrando. Él deja que su voz vaya calando como un perfume en los oídos de ella, que se expanda por su piel, que le acaricien sus palabras. No son sus manos, él sabe que no hace falta tocarla aún. Él huele, con una sabiduría animal, que ella así lo desea.

Todo su cuerpo se está poniendo en tensión. Sus pezones, pregoneros de su excitación, se han puesto duros, desafiantes. Él ha sabido darse cuenta de cuál era el momento adecuado, ha tenido paciencia y ha sabido ver que esa es la señal. Imagino que sigue susurrándole al oído, pero le ha apartado un poco el pelo, lo justo para hundir la cara en su cuello. Lo imagino mordiendo suavemente, pero con firmeza, esa delicada piel. Ella a su vez cede, y arqueando ligeramente su espalda, se ofrece al mordisco.

Entonces es cuando las manos de él aparecen lentamente por su costado y se deslizan suaves, seguras, en direcciones opuestas. Una hacia arriba, en dirección a sus pechos, la otra hacia abajo, buscando su vientre.

Ella ha empezado a respirar más deprisa, su pecho sube y baja acelerado. Deja caer totalmente su cabeza, apoyándose sobre el hombro de él, mientras aprieta su culo hacia detrás. La mano que antes estaba sobre su vientre ha desaparecido y se ha sumergido, atrevida, mucho más abajo explorando su sexo. La boca abierta, la respiración cada vez más acelerada, los movimientos cada vez más rápidos. Viéndola, casi puedo imaginar el gemido que se escapa de su boca recién pintada cuando el espasmo de placer se hace tan evidente que la convierte a mis ojos.

En cuestión de segundos, mientras placenteros escalofríos recorren todo su cuerpo, contemplo cómo se transforma de hermosa diosa, desnuda y poderosa, en una mujer pequeña, menuda y frágil. Tiembla y es él quien la sujeta. Quien mantiene abrazado su cuerpo cuando otro orgasmo eriza hasta el último poro de su piel. Segundos que se hacen eternos y ella que quiere prolongarlos. Está a gusto así. Me parece a mí que se quedaría toda la vida abrazada de esa manera tan especial. La respiración vuelve a hacerse más pausada, la cabeza lentamente se incorpora mirando fijamente al espejo. Los ojos que, por fin, se abren. Esa sonrisa luminosa que aflora a sus labios. La mano de él que vuelve a emerger de las profundidades y desaparece. Ese pequeño gesto cómplice, cariñoso: un beso en el cuello, leve y ligero.

Se ha quedado otra vez sola en el baño, ha agachado la cabeza y tarda una eternidad en recobrar la serenidad. De vez en cuando, pequeños espasmos recorren todavía su piel.

Al cabo de unos minutos, levanta la cabeza, se arregla el pelo y vuelve a mirar fijamente al espejo. Solo entonces se da cuenta de que el lápiz de labios se le ha caído de la mano y ha rodado hasta el fondo de la pila. Lo recoge y se ríe. Cuando termina de pintarse los ojos le brillan. Ella sabía que esta noche podía ser especial. El espejo le devuelve una sonrisa plena y feliz, mientras al fondo por la ventana, puedo ver una hermosa y enorme luna llena inundando de luz la habitación.

₭₱

Nota del autor:
Si quieres saber más detalles del mundo que hay #alotroladodelespejo, busca en Internet.

Abrazos

Éste, precisamente éste, es el momento perfecto para que nos demos ese abrazo que soñamos juntos hace tanto tiempo, pequeño y suave. Reposa tu cabeza en mi pecho y deja que la música de nuestros corazones nos acune lentamente. Mientras, prometo que sujetaré todos tus miedos y lentamente enredaré con mis dedos mil preguntas entre tu pelo. Huelo tu suavidad y soy capaz de escuchar cómo se cierran tus ojos, confiados, serenos. Todo está en calma.

Y si me dejas, te susurraré al oído las famosas palabras de Aquiles:

"Voy a contarte un secreto, algo que no te enseñarán en tu templo: los dioses nos envidian. Nos envidian porque somos mortales. Cada instante nuestro podría ser el último, todo es más bonito porque hay un final. Nunca serás más bella de lo que eres ahora, nunca volveremos a estar aquí ".

Y al fondo, bajito, solo nosotros escuchamos la música acompasada de nuestros corazones.

₭ℂℛ

Hotel Market (Macao)

El día había sido largo y pesado. En Macao siempre hacía mucho calor, así que cuando terminé el trabajo que me había llevado hasta ese rincón de Asia, me di un largo baño y me dispuse a bajar al comedor del Hotel Market para cenar algo porque no tenía ganas de salir fuera.

La suerte me hizo coincidir en la puerta del restaurante con Helen, su encantadora directora que se preocupó de encontrarme una mesa tranquila a pesar de que no había hecho reserva alguna. Su simpatía y profesionalidad pudo resolver esa situación en un periquete.

La música tranquila, la excelente comida, el ambiente relajado, y los pocos clientes que había en el hotel, consiguieron que poco a poco fuera olvidándome de todos los problemas que me habían llevado hasta ese rincón, al otro lado del mundo.

La verdad es que no había sido fácil encontrar una salida digna para el embrollo en el que se había metido mi jefe dos meses atrás, pero con un poco de suerte y paciencia habíamos conseguido un compromiso para que el contrato estuviera firmado en las próximas semanas y las mercancías pudieran volver a viajar desde China a nuestra central en Berlín.

Poco a poco notaba como el cansancio acumulado me pasaba factura, treinta y seis horas metido en ese despacho hasta conseguir que las piezas del puzzle encajaran. Me estaba haciendo viejo.

A pesar de ese cansancio, no pedí postre para poder pasar cuanto antes al bar que se adivinaba a través de la cristalera. Una intensa llamarada de color rojo, decorado como si estuviéramos en los tiempos de la Segunda Guerra Mundial, cuando Macao era una ciudad-estado independiente y neutral donde se daban cita los espías y los buscavidas de todo el sur de Asia. Casi me pareció ver como un viejo lobo de mar, parecido a Corto Maltés, salía por la puerta justo antes de entrar yo.

La suave luz del atardecer se filtraba a través de las cortinas. Detrás de la barra una camarera agitaba una coctelera y yo lo interpreté como una metáfora, una promesa de sensaciones exóticas y placenteras... en definitiva: me apetecía una copa.

Me senté en una mesa apartada y cuando la camarera vino a ver que me apetecía tomar, le pedí que me preparara un gintonic refrescante.
- Con lima y bayas de enebro, por favor – le indiqué.

Con una agradable sonrisa se retiró detrás de la barra, mientras yo empezaba a ojear el periódico.

A los pocos minutos apareció sobre mi mesa una enorme copa de balón con sus muchos hielos y su corteza de lima, delicioso. El primer trago fue largo... lo necesitaba.

No había pasado más de dos hojas del periódico cuando se abrió de nuevo la puerta que comunicaba con el restaurante del Hotel, y apareció ella. Su forma de andar hacía resonar sus tacones contra los grandes listones de madera del suelo y al entrar un leve perfume a canela la precedió.

Se quedó parada en la puerta el tiempo suficiente para que pudiera admirar su apariencia. No era muy alta, pero sus tacones la ayudaban a destacar y a que lucieran mejor sus espléndidas piernas. Unos zapatos negros, sencillos y elegantes. Medias negras y un vestido del mismo color que le llegaba por debajo de las rodillas. Sencillo, pero de buen corte y mejor tela. Cerrado, sin escote delante y rematado con una discreta cenefa que le recorría desde la parte derecha del cuello hasta el final del hombro.

Al entrar se quedó al lado de la puerta buscando con la mirada a alguien por todo el bar. Mientras lo hacía pude comprobar que su vestido se abrochaba en el cuello y dejaba al descubierto una hermosa espalda, moteada de pecas. Al no encontrar a quien buscaba, se quitó las gafas de sol que llevaba y las dejó sobre su pelo corto y rojizo que hacía destacar, por contraste, sus grandes ojos verdes. Un pequeño mohín de fastidio hizo que contrajera sus labios que apenas llevaban un brillo suave. Casi no llevaba joyas. Tan solo unos pequeños anillos en un dedo de su mano izquierda y una pulsera muy discreta.

"Deliciosa", recuerdo que pensé al verla. Y me pregunté qué sucedería si ella se quedara en el bar... ¿Quizá me atreviera a abordarla? ¿Sería capaz de acercarme?

En ese momento sonó su móvil. Al contestar la llamada, el mohín de antes pasó a ser una mirada que no hubiera querido que me dedicara jamás. Un soplido y la forma de cortar la llamada me hizo pensar que no había resultado una conversación agradable. Miró su reloj y guardó el móvil en el bolso. Se dirigió a la barra y se sentó en un taburete justo enfrente de mí. Desde donde yo estaba sentado podía admirar su perfil y hasta contar una a una las pecas de su espalda. Pidió un licor y lo apuró de un trago con gesto de fastidio. En ese momento, el bolso resbaló de su regazo y fue a parar al suelo.

Yo me había levantado para pedir otro gin tonic y ella me miró mientras me acercaba a recoger su bolso. Sentada en el taburete, mantuvo las piernas cruzadas mientras yo me agaché y me levanté (despacio, lo confieso) para devolvérselo.

Fue entonces cuando hizo algo que no me esperaba y que me cautivó. Sencillamente lo abrió, saco la funda de sus gafas y con un gesto de increíble dulzura, se las puso para poder ver bien a quien la había ayudado.

Esos hermosos ojos verdes eran tan miopes como los míos pero en un gesto de coquetería femenina, como otras muchas mujeres, se negaba a llevar siempre puestas las gafas. No pude evitar una sonrisa de oreja a oreja, mientras ella se ruborizó ligeramente. Encantadora.

- Muchas gracias - me dijo con un acento peculiar.

- De nada - le contesté, sin dejar de mirarla. ¿Le importaría si me siento con usted? - le pregunté en un arranque que todavía no acierto a entender como me permitió mi extremada timidez.
- Encantada - me contestó ella, pero quizá estemos más cómodos en su mesa, ¿no?
- Como usted quiera.

No sé que me parecía más cautivador de ella. Si el leve ruido del roce de las medias de seda contra su vestido, el aroma a canela que emanaba su piel, las innumerables pecas del escote en la espalda que, en un gesto de interesada caballerosidad al cederle el paso me atreví a rozar suavemente, o la coquetería que demostraba con las gafas que inmediatamente volvió a guardar en su funda.

Tan solo hicieron falta dos copas más para considerarnos íntimos amigos y construir alrededor de nuestra mesa, un castillo aislado de todo lo demás, en aquella ciudad que no era la de ninguno de los dos. Ella también estaba allí por trabajo y volvía en el vuelo del día siguiente hacia Londres. Su compañera la había dejado plantada en el último momento... un novio chino me contó. Era su última noche allí y había decidido celebrarlo a lo grande, pero la habían dejado tirada.

- Bueno, no está todo perdido - le contesté. ¿No cree?

-Sí, tiene razón. Estos encuentros casuales... No está todo perdido - me contestó ella, tras mirarme fijamente.

En ese momento se disculpó para ir al baño.
- Vuelvo enseguida, no se vaya a ir usted también - me dijo.
- No se preocupe, ¡no pienso moverme de aquí!

Y claro, me dispuse a esperar lo que la noche podía dar de sí...

- Disculpe señor.
La voz de Helen, la directora, me sorprendió. Desconcertado, me incorporé rápidamente en el sillón con el periódico encima de las piernas.
- Es tarde y tenemos que cerrar - me dijo.
- Disculpe – le pregunté- pero... ¿y la chica?
- ¿Qué chica? – me contestó extrañada. No queda nadie más en el bar a estas horas. De hecho todavía tiene usted. la copa casi sin tocar. Se nota que estaba cansado, porque ha sido sentarse y quedarse dormido Si lo desea puede llevarle la copa a su habitación.
- Sí gracias, creo que será lo mejor - le contesté contrariado.

Al salir del bar, pasé por al lado del taburete donde había estado sentada la chica de mi sueño. Y creí ver algo. Me acerqué y descubrí en el suelo una tarjeta de las que dan acceso a las habitaciones. 212, ese era el número... Helen se había ido, nadie me miraba. Con la tarjeta en la mano – pensé - no perdía nada por comprobar si había sido todo un sueño... o no. Al abrir la puerta de la habitación noté que en el aire flotaba un suave aroma a canela.

઀ೞ

Te he visto tantas veces llorar...

Muchas veces, demasiadas. Sobre todo por la mañana temprano, mientras metes en el coche a toda prisa a los niños para llegar pronto al colegio, a ver si puedes dejarlos antes de que se haga tarde. Ya le tienes tomada la medida al portero y poniendo esa carita de niña buena, consigues que los deje pasar unos minutos antes de la hora de entrada para que así te dé tiempo a llegar al trabajo.

Te imagino aquietando a las fieras del asiento de atrás, mientras intentas pintarte la raya del ojo con un mínimo de dignidad entre semáforo y semáforo. El toque de colorete, el lápiz de labios. Además, con las prisas, normalmente eres tú la que suele salir despeinada. Siempre me ha llamado la atención esa especial habilidad de las chicas para arreglarse una coleta con una simple goma o cogerse un moño con ese palillo chino que alguien olvidó hace tiempo en el asiento del copiloto.

Sueles llevar el disfraz oficial: falda, con la longitud justa para que puedan admirar tus hermosas piernas pero no parecer descarada, camisa o camiseta blanca o negra y chaqueta ajustada. Seria y formal. Creo que muchos días te sientes prisionera de ese disfraz. Ves a tus compañeros (chicos) que llevan siempre el mismo traje y les da igual ir sin afeitar, o con los zapatos sucios, y piensas en todo lo que te ha costado llegar hasta donde estás y el poco recorrido que te queda en esa y en cualquier otra empresa.

A veces te deprimes un poco pensando en todo lo que has peleado: mujer, madre, esposa, hija. Interpretando todos los papeles y siempre obligándote a estar perfecta en todos ellos. Otras veces te dan ganas de enviarlo todo a la porra. Escapar o dejar todo y a todos con un palmo de narices, piensas mientras miras por la ventana y a lo lejos el sol se oculta tras los edificios. Ha sido un día duro, pero todavía hay que llevar a los niños a clase de música, comprar y preparar la cena.

Solo cuando la casa está en silencio tras los baños y las cenas. Justo después de haberte librado de la coraza de la ropa, del maquillaje y de los zapatos. Cuando puedes liberarte de una pequeña parte del cansancio diario, derrumbándote en el sofá, es el único momento, el único instante que puedes dejarte llevar. Puedes dejar a un lado el duro papel de súper-mujer que interpretas y ser solamente tú. Muchas de esas noches, cuando crees que nadie te ve acurrucada en un rincón del sofá, te veo llorar a través de las cortinas de tu balcón. Te adivino pequeña y triste, cansada, abrumada por todo lo que tienes que llevar adelante. Unos días eres capaz de quedarte horas con la mirada perdida.

En cambio otros te dejas acunar por el cansancio y te duermes rápida y placidamente en el sofá. Esas noches, invariablemente, te despiertas tarde, y como una sonámbula, apagas la luz y te encaminas lentamente hacia tu cama.

Entonces, desde mi ventana, te deseo buenas noches en silencio y que tengas, al menos, dulces sueños. Me gustaría encontrar la manera de quitarte esa pátina de tristeza. De verte reír, de ser capaz de hacer que tus ojos rían. Estoy seguro de que un día de estos, cuando salgas de casa y entres en el garaje corriendo como siempre, tropezaremos...

En ese momento, mientras te ayude a recoger lo que se nos haya caído, quizá me mires y a lo mejor...

ℰℭ

Viaje al pasado

Fue su olor lo que la delató. Tantos años y seguía usando el mismo perfume que, al contacto con su piel, tenía aquel olor tan característico. Aquel aroma que me traía tantos recuerdos.

El tren avanzaba lento al salir de Praga. El invierno estaba llegando a su fin y ya se veían algunos signos de que la primavera llamaba a las puertas de la vieja ciudad. En los jardines empezaban a despuntar los primeros brotes y las flores se abrían paso entre los restos de nieve.

En ese momento yo estaba de espaldas, asomado a la ventanilla del tren y no la vi llegar. Cuando pasó por detrás de mí fue como si me golpeara un relámpago. Solo ella olía así. No pude evitar girarme para seguir sus caderas por el estrecho pasillo del tren. Había que reconocer que sabía caminar, el vestido ajustado favorecía su silueta y los discretos zapatos, sin mucho tacón, le hacían más esbeltas las piernas. Los años no habían alterado el color natural de su pelo, ese naranja intenso que tantas veces me embrujó. Me di cuenta de que se instalaba en un compartimento al otro lado del vagón.

Cuando desapareció de mi vista, no me lo podía creer. Ella, allí, tan lejos de todos nuestros rincones comunes como un fantasma del pasado.

A veces la vida te lleva por caminos insospechados, pensé. Resultaba muy curioso que una cadena de coincidencias me hubiera llevado hasta ese tren nocturno hacia Berlín y que ella estuviera en este mismo tren era casi imposible. No pude evitar sonreír al recordar nuestro último encuentro. En otro tiempo, en otro país y en otra estación de tren. Fue ella la que decidió aceptar aquel trabajo lejos de casa, lejos de un posible "nosotros". Simplemente me dijo adiós y se marchó. Y ahora, al cabo de tantos años, volvía a encontrarla.

El sol se ocultaba, lentamente, detrás de las montañas. La vía seguía el curso de uno de esos ríos europeos que lenta y perezosamente van dejándose caer hacia el mar. Encajonado en un estrecho pasillo entre montañas, veía pasar el agua lenta, reposada. De vez en cuando alguna barcaza se situaba en paralelo al tren y durante unos instantes compartíamos el mismo viaje. No me había sentado en mi butaca. Me había dejado llevar por la placidez del río y los recuerdos acumulados de los años que pasamos juntos. Al pasar la frontera de Alemania, me decidí a ir a buscarla. Pensé que al estar en un país extranjero para los dos, una tierra de nadie, podríamos conjurar juntos los fantasmas que nos separaron en el pasado. ¿Buscaba una respuesta? No es que fuera importante encontrar respuestas ahora que ya habían pasado tantos años, pero si no lo hacía, me arrepentiría siempre.

Fui acercándome lentamente por el pasillo, pensando. Preguntándome cómo abordarla. No bastaba un simple "hola cómo estás", tendría que ser algo más original.

Caminaba distraído en esos pensamientos cuando al llegar delante de la puerta de su compartimento, en ese mismo instante, ella la abrió y salió al pasillo. La agarré por la cintura justo cuando se abalanzaba sobre mí. Se quedó de piedra. Pude ver la sorpresa pintada en su rostro. Al principio por el tropezón y luego conforme iban abriéndose sus hermosos ojos verdes, conforme su cerebro reaccionaba y me reconocía. Casualmente, yo no había dejado de abrazarla por la cintura, cuando ella me cogió la cara entre sus manos y con voz entrecortada por el susto y la emoción me preguntó:

- ¡Vaya, qué sorpresa! ¿Qué tal, cómo estás?

Realmente, el sorprendido por su reacción tan natural fui yo. Me entró la risa floja y, sin soltar su cintura, empecé a reír a carcajadas. Ella, sin quitar sus manos de mi cara, se contagió de mi risa y acabamos abrazados en mitad del pasillo.

Después de unos momentos interminables, me cogió dulcemente de la mano y me sentó a su lado en el compartimento, que estaba casualmente vacío. Cerró la puerta y corrió las cortinas, se agarró de mi brazo y recostó su cabeza contra mi hombro, haciéndose un ovillo en su asiento. No hablaba, tan solo me abrazaba fuerte, no hacía falta decir nada más.

Fuera, el sol se había ocultado ya detrás de las montañas. En esa hora mágica, entre el día y la noche, en un viejo tren camino de Berlín, un amor del pasado reencontrado de forma casual, lloraba en silencio contra mi hombro.

No había nada más que decir, sobraban todas las
palabras.

ഇൻ

Mañana será otro día

Ya es muy tarde cuando oigo tu llave en la cerradura. Apago la televisión, que me había estado haciendo compañía con su monótono zumbido, dejo el libro que estaba leyendo sobre el sofá y me levanto dispuesto a recoger los pedacitos de mujer que la extraña y cruel vida que nos toca vivir me devuelve a casa.

Te ayudo, una vez has dejado caer el bolso en el suelo de la entrada, a bajar de tus tacones. De esos andamios incómodos que usas para aguantar la compostura frente al mundo y que nadie ose atropellarte.

A partir de entonces todo se produce en silencio, sin palabras inútiles. Los dos conocemos la mecánica: cogerte de la mano y con la mayor delicadeza posible, quitarte todos los artificios con los que se protege y envuelve la verdadera mujer, la que solo yo tengo el raro privilegio de conocer. Todas las sedas y algodones que te defienden contra los peligros de mundo exterior van cayendo al suelo entre la puerta de entrada y la habitación, dejando un rastro de derrotas y cansancios.

Entonces me atrevo a tapar tu hermosa desnudez con un suave albornoz, no quiero que pases frío, y te preparo tu baño.

En la tibia intimidad de la bañera, repaso tus penas con la esponja eliminándolas de tu piel, una a una. Al fondo, suena una suave música que entra por la ventana entreabierta; solo ella y el ruido del agua resbalando por tu piel rompen el silencio. Despúes tengo que sacarte del baño y secarte despacito. Ponerte crema por todo el cuerpo, volver a dejarte caer el albornoz sobre los hombros y llevarte de la mano a la habitación. Estás cansada, lo sé, me lo dice tu cuerpo entero, me lo dice tu mirada.

Permíteme una licencia: te quito el albornoz y te dejo desnuda y hermosa en medio de la alfombra un instante. El tiempo justo para admirarte mientras te abro la cama y te llevo hasta ella. Te acuesto y tú te dejas hacer, como una niña buena. Te encojes al notar el frescor de las sabanas limpias y crujientes. Y cierras los ojos, confiada. Ese es el momento, la señal. Apago la luz de tu mesilla y guiándome por mi instinto, atravieso ese territorio conocido en penumbra, me voy a otro lado y me desnudo, procurando no hacer mucho ruido al entrar en la cama. Pero al notarme cerca te giras rápida y con tus últimas fuerzas, colocas tu cabeza en mi hombro, pones una pierna sobre las mías, inmovilizándome, dejas caer un beso al aire y te quedas dormida, con tu brazo sobre mi pecho.

Yo te acaricio el pelo un par de veces, aspiro el olor de tu cuerpo y pienso que esto es lo único importante y verdadero. Un buen motivo para dormir tranquilos.
Mañana será otro día, pero solo si tú quieres.

ॐ

Lobo

Hoy estoy un poco más triste de lo habitual. Esta mañana he visto a Lobo desolado.

Se había levantado pronto, lo he podido ver desde mi refugio #alotroladodelespejo, lavándose la cara con una extraña sonrisa pintada en el rostro. Parecía tener un plan o estar tramando algo.

Al cabo de un rato ha sido Caperu la que ha entrado al baño. Cuando estaba acabando de asearse, con la barra de labios en la mano, he visto entrar a Lobo sigiloso. Ella también lo ha visto y se ha quedado petrificada con la mano paralizada en el aire, como si temiese algo malo. Pero Lobo no ha hecho más que abrazarla por detrás, escondiendo el hocico entre su pelo húmedo. Un abrazo sencillo, grande y torpe (es cierto), pero un abrazo que me ha parecido muy sentido.

Hasta ahí todo normal. Pero lo que de verdad me ha puesto triste, lo que me ha roto el corazón, ha sido la cara de Caperu. No se lo esperaba. Ese abrazo torpón ha sido una sorpresa y me temo que no ha sabido reaccionar. Hasta yo que estoy #alotroladodelespejo, he entendido el mensaje del abrazo de Lobo. Estaba muy claro: "abrázame tú también, por lo que más quieras". Una súplica muda.

Una de esas cosas que no se pueden pedir con palabras, no se pueden decir en voz alta, ya que tocan tantos recuerdos, tantas fibras sensibles... duelen tan solo de pensar que hay que pedirlas y, a veces, hasta suplicarlas. Sobre todo porque se nos olvidan lo importantes que son. "Abrázame por favor, yo también lo necesito", gritaba la súplica muda de Lobo.

Pero ella se ha quedado rígida, inerte. No sé si por la sorpresa, pero la mano que sostenía la barra de labios se ha quedado paralizada en el aire. Inmóvil. Helada. Ella, mirando el espejo, envarada y muda con los ojos abiertos como platos, no ha sabido responder a esa petición desesperada de Lobo.

Han sido unos segundos eternos... Al final, viendo que no había ninguna respuesta, Lobo ha ido dejando caer los brazos que intentaban atraparla, lentamente. No le he podido ver la cara, no la ha levantado. Se ha dado media vuelta despacio y ha salido del baño sin hacer ruido.

Ella ha seguido con la mano inmóvil en el aire. Al cabo de unos segundos, de repente, se ha puesto a temblar y ha tenido que dejar la barra de labios en el lavabo. Han sido unos minutos en los que no he podido ver su mirada, estaba con la cabeza gacha, respirando agitada. Pasada la crisis, ha tomado aire, ha apagado la luz y ha salido del baño, sin levantar la cara y sin volverse a mirar al espejo. Tengo que reconocer que yo he tardado un poco en reaccionar...pero me he ido rápido donde suelen dejar el coche.

Allí he vuelto a ver a Caperu que, a través del espejo retrovisor, intentaba inútilmente acabar de pintarse los labios.

Le estaba costando mucho más de lo normal terminar de maquillarse. Además del humo del cigarrillo y el temblor de su mano, las lágrimas que brotaban de sus ojos no le dejaban ver bien lo que estaba haciendo. La he dejado llorando y me he ido de allí.

A Lobo, ya no lo he vuelto a ver en toda la mañana, y estoy preocupado.

☙❧

Ceguera

¿Cómo es posible que no lo veas? ¿Tan cerca que estás de mis labios y no lo ves? ¿Tan torpe y miope eres? O, como sueles hacer siempre, estás jugando con mi corazón. Me tienes retenida entre tu espada y la pared y no puedo sino defenderme. Y a la vez, pienso: ¿defenderme de qué?, ¿de quién? Si lo único que deseo, lo único que estoy mirando, lo que más quiero en este mundo es que abras esos labios y me digas: "ven".

¿No ves cómo los miro? ¿Te lo tengo que explicar? No, no estoy seria, solo te espero. Yo no puedo hacer nada, solo me queda esperar a que tú te decidas, me tienes acorralada...¿Qué más quieres de mí? Si ya te he entregado mi alma. ¿No ves que no te miro para que no se note en mis ojos la renuncia? Para esconder mi derrota. La dulce entrega que, te prometo, será toda tuya si tú quieres.

No puedo dejar de mirar esa boca... la que me pierde, la que me tiene en su poder, la que desnuda mi piel a besos, la que puede quemar y sanar a la vez. La que no hace falta que hable, porque los dos sabemos hasta dónde podemos llegar. Tú tan solo separa un poco los labios, que ya me encargaré yo de no dejarte hablar hasta el fin de los tiempos.

›‹

Besos o agujetas

No quiero recibir más besos.

Me explico, no sea que alguien se lo tome al pie de la letra, y tampoco es esa la cuestión de fondo.

La edad tiene ciertas ventajas, una de ellas es haber recibido ya muchos besos (por carta, por mail, electrónicos, en directo, en diversos sitios...). Esos besos entendidos como buenos deseos amables y sinceros de amistad y cariño están bien. Pero ahora, en estos momentos, yo no quiero "cariño".

El tiempo nos va apretando la paciencia con sus urgencias y nos damos cuenta de que el ayer no va a volver. No hay segundas oportunidades y las que pasan a tu lado, o las coges al vuelo, o se van. "Carpe Diem".

Pues de eso se trata: no quiero más besos. Gracias.

Lo que quiero es despertar a tu lado, con muchas agujetas en músculos que han estado tanto tiempo sin trabajar que ya no recordaba que existían. Y ver cómo duermes a mi lado, desnuda y tranquila.

Mirar tu espalda con las primeras luces del amanecer y con mi dedo, subir lentamente, desde donde empieza, hasta arriba del todo.

Y seguir más allá. Acariciando primero tu cuello, hasta la raíz de tu melena, y luego tu oreja y seguir hasta tu mejilla con la mano abierta, despacio, suavemente y ver como giras despacio la cabeza para chupar ese dedo que, hacía un segundo, te estaba acariciando.

Y que me mires, en ese momento, sonriendo. Sí, con "esa" sonrisa... que, en el fondo, es toda una declaración de intenciones.

Y que me dejes disfrutar al contemplarte, vestida con la luz de la mañana. Y que juntos volvamos a olvidar las agujetas, para volver a empezarnos desde cero.

Pero claro, para que eso suceda tienes que querer dejarme acariciar tu espalda y tu boca y tus ganas.
Si no...

ೞೞ

19 días y 500 noches

Aquel día no había empezado bien. Pero al final, se dejó convencer para salir y tomar algo en aquel bar de moda donde su amiga tenía tantas ganas de ir. No quería fiestas y se dejaba llevar por el compás de la música por no hacerle un feo a ella. Sonreía como una buena chica y miraba su reloj, esperando que las agujas marcaran la hora de salir huyendo... hasta que, por el rabillo del ojo, le vio pasar.

Moreno de ojos verdes, con aire de no haber roto un plato en la vida. Gafas de pasta, fáciles de quitar y un aire de estar, como ella, fuera de lugar. Un hermoso pato en este garaje tan moderno. Cuando él la miró por casualidad, desde el otro lado de la barra a través de sus gafas de chico bueno y ella se dio cuenta de que esos ojos verdes, aparentemente tan despistados, estaban explorando las posibilidades que su ropa tapaba, tomo una decisión: ... de perdidos al río, se dijo.

Lo primero fue sostenerle la mirada mientras apuraba su copa. Luego sacar allí mismo las pinturas de guerra y declarar abiertamente sus intenciones bélicas con el rojo brillante de sus labios. Afiló sus tacones de aguja, se ajustó muy despacio la falda, dejando que la contemplara y rodeó la barra decidida, directa al objetivo: el corazón del moreno.

Su sonrisa, desde lejos, anunciaba sus ganas de guerra y proclamaba a los cuatro vientos: "Chato, muy mal lo tienes que hacer: ¡voy a por ti! Y en último caso si no sabes cómo reaccionar, lo único que tienes que hacer es cerrar tu boca sobre la mía y dejar que hablen nuestras manos y nuestras ganas".

De fondo había empezado a sonar 19 días y 500 noches de Sabina: "Lo nuestro duró, ... lo que duran dos peces de hielo en un Wisky on the rocks..."

Al llegar delante del moreno, le entró la risa al pensar:
- Y yo que pensaba que iba a ser un mal día... ¡Pero quizá sea una buena noche!

ଛୀଔ

Sin palabras

No ha sido planeado, tan solo ha surgido así. Ese pilar desde siempre ha estrechado un poco el pasillo y nunca se me hubiera ocurrido que fuera el mejor lugar, pero la vida a veces te sorprende en los sitios más inesperados.

Al cruzarnos he visto un brillo fugaz en tu mirada y por eso me he parado con la intención de preguntarte ya no recuerdo qué. No había podido decir nada y si no se te hubieran caído los libros, si no nos hubiéramos agachado a recogerlos, si no los hubiéramos dejado apartados en el suelo, levantándonos con nuestras manos y nuestras lenguas ya entrelazadas... supongo que ahora no estaría escribiendo esto. Tu respiración se ha hecho, de repente, más urgente y tu boca jugando con la mía, más exigente. Has cerrado los ojos, has levantado tus brazos hacia arriba y yo me he quedado sujetándote por la cintura mientras arqueabas tu espalda. Y el mundo se ha parado cuando he levantado tu falda. He notado tu corazón latir excitado, a través de tu blusa. Tu perfume nos ha envuelto en su dulce aroma y mi mano se ha perdido en dirección a tu vientre, acariciándote, acercándose lentamente hacia el centro de tu universo.

Escucho un gemido. Y en un instante te veo con la boca y los ojos abiertos. Ya no hace falta hablar, no hay que decir nada, tu mirada me ha contado dónde está el límite de tus deseos.

No han hecho falta palabras cuando mis dedos han llegado al interior de tu secreto más húmedo. Luego todo ha sido temblor y un dulce abandono...

ಬಐ

Una carpeta roja

- Quién sale primero? – me preguntas divertida.
- Buena pregunta – respondo yo, y nos reímos los dos a la vez - arréglate el pelo y la falda, que se te ha girado.
- Tu sonrisa te va a delatar. Al fin y al cabo que yo no lleve ropa interior, no se nota, pero esa risita tonta, se distingue a kilómetros - me adviertes.

Fuera ya no se oye ningún ruido, es tarde y la oficina está casi vacía, pero no podemos fiarnos. La redacción de un periódico no cierra nunca y siempre puede aparecer alguien en el momento más inoportuno. Eso no ha impedido, pienso en silencio, este estallido de pasión descontrolada y absolutamente inesperada. Para los dos. Te vuelves a pintar los labios y es una buena idea, así parecerá que aquí no ha pasado nada. Pero ha pasado mucho más de lo que nunca hubiera imaginado, y los dos lo sabemos.

- ¿Está bien así? - me preguntas.
- Preciosa - te contesto, sincero.

Un mohín y dejas un beso en mis labios con la punta de tus dedos.

Antes de salir, sin mirarme, vuelves a levantarte la falda, dejándome ver ese culo que tanto me gusta tener entre mis manos. En el último momento, te giras, dejas caer la tela me guiñas un ojo y sales pisando fuerte de la sala de fotocopias. Menos mal, porque no habría podido mantener mi dignidad mucho tiempo más. Todavía me cuesta controlar la respiración y los latidos de mi corazón van a la carrera. Desde luego ha sido toda una sorpresa que después de todo un mes cubriendo las aburridas sesiones de los señores parlamentarios, te hayas acercado al despacho cuando ya estábamos terminando el número especial y te hayas sentado en el borde de mi mesa, con aires de tener un secreto que contar.

- Creo que deberías prestarle mucha atención a esto - me has dicho. Y me has dejado una carpeta roja encima de las rodillas, mientras te sentabas en la mesa, al lado del ratón y tu falda se subía por tus muslos hasta límites poco habituales.

Para disimular un poco he tenido que desviar la mirada de tus espléndidas piernas hacia la carpeta, pero he podido ver por el rabillo del ojo una sonrisa curiosa en tu cara. Al abrir la carpeta casi me caigo de la silla: unas preciosas braguitas de encaje negras cuidadosamente dobladas estaban encima de unos cuantos documentos. Al levantar los ojos, asombrado por supuesto, he podido ver tu sonrisa pícara. No ha hecho falta decir nada, tan solo has mirado hacia abajo y al acompañar obedientemente tu mirada he descubierto como separabas muy lentamente las piernas dejándome descubrir mucho más que unas sombras inciertas.

Entre las piernas, formando un triangulo mágico, tu pubis con un leve trazo de vello rubio, se muestra pletórico ante mi más que atenta mirada. Está claro que sabes lo que quieres y cómo captar la atención de cualquier hombre.

Supongo que se me ha quedado cara de merluzo porque sinceramente no me lo esperaba. Te has quitado las gafas, dejándolas en mi escritorio, me has cogido de la mandíbula y acercándote a mi oído has preguntado, susurrando, si quizá no deberíamos fotocopiar esos documentos. La palabra "no" se ha borrado de mi vocabulario. Me levanto y al hacerlo puedo volver a comprobar el color dorado de tu vello. Tengo el atrevimiento de apoyar mi mano en tu muslo, mucho más arriba de lo que sería normal. Y a cambio de mi osadía me regalas una de esas preciosas sonrisas.

Bajas de un salto de mi mesa y, empujándome con desdén, me haces a un lado. El mensaje está claro: "sabes que no llevo nada debajo de esta falda, sufre viendo como se mueven mis muslos y mi culo hasta que lleguemos a la fotocopiadora", que, por cierto, se encuentra al otro lado de la redacción.

Dos paradas eternas, en dos mesas. Dos conversaciones intrascendentes y un millón de miradas a su anatomía después, llegamos a la puerta del dichoso cuartito tan odiado hasta ese momento. Es una habitación pequeñísima donde se han incrustado, literalmente, dos fotocopiadoras enormes de la edad de piedra que hacen tanto ruido y generan tanto calor que siempre hay que hacer las fotocopias con la puerta cerrada para no molestar a los demás. Nunca había caído en la cuenta de que ese inconveniente pudiera resultarme, algún día, tan interesante.

Al llegar has frenado de golpe y no he podido evitar chocar contigo. El paseo entre las mesas de la redacción al compás de tus caderas ha logrado ponerme lo suficientemente eufórico como para que lo puedas notar a través de la tela. Un ligero movimiento de tus nalgas, como acoplándote a mi sexo, me ha hecho pensar que te complace mi excitación. Has abierto la puerta sonriendo. Sin concesiones a la galantería ni a las buenas formas y costumbres, te he cogido el culo en cuanto he cerrado la puerta. Atraída hacia mí, cogiendo tu nuca y tu culo, abrazándote por detrás, he bebido de tus labios como si no hubiera mañana. Tú no te has quedado quieta, revolviéndote, me has atraído hacia ti, vientre contra vientre, tu pecho contra el mío, con ganas de comerme y yo con ganas de dejarme comer.

Tu pintalabios ha durado muy poco, besado, lamido y mordido no ha aguantado ni un minuto. Tampoco los botones de tu blusa, que me he apresurado a desabrochar. No sé, no me he dado cuenta de cuando me has quitado el polo naranja que llevaba, pero en un instante tenías la pierna derecha subida hasta mi cintura, el sujetador desabrochado y a mi lengua recorriendo tus pezones, duros y expectantes. Tan solo me he permitido el lujo de parar un instante para cogerte del cuello tirar tu cabeza hacia detrás y subir lentamente mi lengua desde tu pecho izquierdo hasta tu oreja, mientras ronroneabas, dejándote hacer.

Un segundo después, mis dedos recorrían tus muslos hacia arriba buscando el centro de tu universo. Me he deleitado acariciando esa pequeña sombra de pelo que has dejado arriba de tu sexo, pero tu urgencia era grande y en un hábil movimiento de cadera me has indicado donde debía concentrar mis atenciones. Primero despacio, y luego más deprisa. Ganando intensidad conforme tú ganabas humedad.

Un dedo y luego dos se han deleitado explorándote y cuando he notado que ya estabas lo suficientemente excitada, me he dejado de tonterías y me he dedicado, en cuerpo y alma, a acariciar tu clítoris. Tu respiración ha ido cambiando, tus movimientos se han hecho más bruscos, más urgentes... el mundo, de repente, ha dejado de girar para los dos.

Me has mordido en el cuello, al principio fuerte, pero conforme alcanzabas el orgasmo, conforme tu cuerpo se abandonaba y te diluías entre mis dedos, has ido aflojando la presión en busca de aire que respirar. Un gruñido sordo y profundo me ha dicho que te dejabas llevar, que la pequeña muerte llegaba y te he sujetado fuerte, atrayéndote hacia mí y evitando que cayeras.

Tu cuerpo se ha estremecido y unos segundos después me has cogido la mano indicándome que parara. No me has dicho que quitara los dedos, solo has susurrado "para" y no nos hemos movido de esa posición. Tu respiración ha tardado unos minutos en regularizarse y al moverte has liberado mi mano que estaba empezando a quedarse dormida, atrapada entre tus muslos. No he podido evitarlo.

Me encanta chupar esos dedos que han estado dentro de ti. Me has mirado y has sonreído. Después te has acercado muy despacio, has puesto tu mano en mi mejilla y me has dado el beso más dulce, largo, intenso y sincero que me han dado jamás. Y un abrazo inmenso. Tus ojos brillan.

Un ruido, al otro lado de la puerta, nos ha devuelto a la realidad. Yo me he puesto el polo, tu te has colocado el sujetador, te has alisado la blusa y te has bajado la falda a la velocidad del rayo. Era una falsa alarma, pero estaba claro que no podíamos seguir allí. Has cogido un bolígrafo y me has apuntado una dirección en la mano.

- Veinte minutos. Si vienes en moto, quince. ¿Quedamos en una hora? - me has preguntado sonriendo.
- Yo llevaré algo para cenar - te he sugerido.
- Ya improvisaremos. No te preocupes por eso – has contestado risueña.

Todavía me tiemblan las piernas, he de acabar la crónica de mañana y tengo poco tiempo. Al llegar a mi mesa, me he encontrado sus gafas encima del teclado junto a la carpeta roja y no he podido evitar esa sonrisa boba.

♋♂

Bonito escote

La primavera es lo que tiene, se supone que ya empieza a hacer calorcito, pero por la mañana no viene mal una rebeca finita, por si acaso viene un vientecillo traicionero.

Lo cierto es que es una casualidad verte hoy, porque este año no coincidimos tan a menudo al dejar a los niños en el colegio. A pesar de conocernos desde hace tanto tiempo y de tener tantos amigos comunes, últimamente cada vez que te veo apenas podemos hablar unos segundos y me parece que no estás pasando por una buena racha.

Al llamarte has levantado la vista del suelo y me has saludado de lejos alzando la mano desde delante del semáforo. Hacía unos días que alguien me habló de ti, por eso quería comentarte lo de esa nueva conocida común. Y allí estás, esperándome. Tan guapa como siempre. Al llegar a tu altura te encuentro con los brazos cruzados y la cabeza ladeada, un poco sorprendida de que te haya hecho esperar. Al comentarte el porqué, asientes comprensiva y empezamos a hablar sobre esa persona. Estamos comentando tres trivialidades cuando mi mirada de una manera descarada se ha parado en tu escote.

Ciertamente has de admitir que hoy llevas un escote espectacular. Creo que sin querer, pero el hecho de llevar los brazos apretados por el frío que hace en la calle y la anchura de la abertura de esa camiseta, unido quizá a una nueva pieza de ropa interior, ha puesto ante mis ojos una visión que, a esa temprana hora de la mañana, ha conseguido ponerme nervioso y hacerme hablar a trompicones.

Ya no somos niños y tu media sonrisa al ver como te miro me hace sonreír a mi también. En ese momento tú aprietas un poco más los brazos, no sé si intencionadamente, y yo tengo que volver a fijarme, esta vez sin ningún disimulo, en tu escote.

Paseo despacio la mirada, deteniéndome en las arruguitas que se producen entre los pechos, signos inequívocos de la edad, pero que a mi parecer no restan ni un ápice a tu elegancia ni a mi deseo. Tú no dejas de sonreír y el mundo, por un instante, se ha detenido al lado de ese semáforo.

- Bonita peca - acierto a decir, señalando con los ojos una pequeña mancha marrón que observo en la parte inferior de un pecho. Tu risa me hace levantar la vista y veo que tus ojos brillan por fin. Tu risa suena alegre.

En ese momento, una amiga común nos sorprende parados al lado del semáforo. Nos pone la mano en el hombro, a los dos, y nos dice:

- Hola, ¿qué hacéis aquí parados como setas con el frío que hace? Venga, ¡vamos a tomar un café! - nos propone.
Yo me acerco y le doy dos besos, intentando disimular mi rubor.

Tú te disculpas.

-Tengo que irme, llego tarde. Adiós - nos dices.

Vuelves a bajar la mirada y cruzas el semáforo. Nuestra amiga común me agarra del brazo y me arrastra hasta el bar, hablándome no sé qué sobre un cumpleaños, pero aún puedo girar la cabeza un instante para ver como te marchas colocándote el bolso sobre el hombro y apretando los brazos.

Estoy convencido de que sonriendo.

∞∞

Gafapasta

Primera Parte

"Nada es verdad ni es mentira, todo es según el color del cristal con que se mira".

Silencios que parecen durar una eternidad. Esa mano nerviosa, apartando un mechón de pelo. Te has alisado ya varias veces la falda, con ese gesto que delata tu incomodidad.

La reunión ya había empezado cuando me ha llamado Andrés para consultarme sobre la estructura. En la sala, sobre la mesa, todos los planos extendidos, los portátiles enchufados y ese ambiente que refleja un par de horas de trabajo realizado y otro par, por lo menos, que hará falta para poder llegar a algún acuerdo. De entre todos y todas las personas de la sala, tu pelo corto y tu traje, tan elegante, han captado inmediatamente mi atención.

Las preguntas que me habéis formulado, claras y bien planteadas, han resultado después de explicarlas, muy clarificadoras. Y los puntos que en un principio eran de discrepancia se han convertido, con tus aportaciones, en soluciones muy ingeniosas.

No he podido evitar la tentación de rozar tu mano.

La primera vez ha sido casualidad, al señalar en el plano de planta, dónde podríamos instalar ese nuevo módulo. Pero la segunda ha sido intencionada. Lento, mi gesto se ha recreado en la suavidad de tu piel. Estabas atendiendo a Sofía y al sentir mi roce has girado la cabeza despacio, sin movimientos bruscos, mirando atentamente mi mano sobre la tuya... y has sonreído. Ha sido un segundo, solo un instante y la he retirado para disimular el gesto con una pregunta sobre el plano que tenías delante. Tú no has cambiado la sonrisa e incluso has hecho una mueca graciosa al pillarme después mirando la oscura tentación de tu escote.

No te has movido un milímetro de tu postura, inclinada junto a Sofía sobre el plano, y el tiempo se ha detenido en la sala. Tus ojos y los míos han cruzado una de esas miradas silenciosas, capaces de parar el mundo.

Una llamada telefónica ha roto el hechizo, tenía una visita y debía atenderla. Al salir he vuelto a mirarte, y tú has vuelto a levantar la mirada para despedirme.
He hecho malabarismos para quedarme en la oficina hasta que terminarais la reunión, conteniéndome para no volver a entrar a la sala. Pasando por delante de la puerta cerrada cada dos minutos.

Por fin, he oído abrirse las puertas y os he visto salir. Todos sonrientes. Por lo que he entendido, la reunión había sido un éxito y el proyecto, gracias al trabajo de hoy, ha adelantado mucho.

He procurado hacerme el encontradizo y os he alcanzado cuando estabais despidiéndoos delante de la puerta del ascensor.

La excusa era la de entregarle unos papeles a Sofía. Tú has sido la última en saludarme, qué casualidad. Casi todos te han dado dos besos. Yo no. Yo quería tus ojos, tu mirada. Al darte la mano, me la has dejado unos segundos más de lo normal, unos instantes mágicos. No ha sido un saludo formal, ha sido una caricia y luego, de propina, un beso lento, dejándome sentir la suavidad de tu mejilla y el aroma de tu perfume, regalado con la mirada de esos hermosos ojos verdes y tu voz susurrándome: "dos años".

Dos años... me ha costado entender el mensaje. Pero el brillo de mis ojos al comprender que, al menos, íbamos a trabajar dos años juntos la ha hecho sonreír.

Lentamente hemos separado nuestras manos sin dejar de mirarnos a los ojos. Al girarte y entrar en el ascensor he podido ver como te mordías el labio inferior, en ese gesto que me ha encantado, mientras te alisabas otra vez la falda.

Las puertas se han cerrado y ha tenido que ser Sofía quien me preguntara por "esos papeles tan urgentes" que tenía para ella. Sonreía y no he sabido contestarle coherentemente, en mi cabeza todavía resonaban sus palabras: "dos años". Y no he podido evitar sonreír, con esa sonrisa tan boba, pensando en el deseo encerrado en esos ojos verdes.

Segunda Parte

La verdad es que hoy me venía fatal esta reunión porque tenía hora en la peluquería, y llevo unos pelos...

Si estos señores tan inteligentes hubieran hecho las cosas bien no tendríamos que estar dorándoles la píldora ni dándoles absurdas explicaciones para llegar a lo mismo que habíamos propuesto nosotros dos meses antes.

Hemos tenido que estar mucho tiempo de pie y me duelen las piernas. Por mucho que me alise la falda mientras me masajeo los muslos, no se me pasa esa sensación de pesadez, ni el hormigueo y encima estos zapatos nuevos me están haciendo polvo los pies.

Afortunadamente, la cosa ha ido mejor de lo que yo creía al principio. Estos ingenieros, siempre tan arrogantes, tan pagados de sí mismos. Menos mal que en su equipo había una chica muy competente: Sofía, que me ha echado un capote enseguida, no sé todavía si por solidaridad femenina o interés personal. Me pregunto si se habrá dado cuenta.

De pronto alguien más ha entrado en la sala. Parecía como muy despistado y en una primera impresión, un poco descolocado. Como si lo hubieran hecho salir bruscamente de "su mundo" para aterrizar en el de los simples mortales.

"Mira el gafapasta" he pensado, con su barbita de tres días y sus aires de no haber roto nunca un plato. Pero una mirada que le he pillado a Sofía me ha hecho cambiar de opinión. Aquí hay algo más, he pensado. Se ha detenido a hablar con el jefe supremo, ha atendido sus instrucciones y no ha dicho nada más. Silencioso, se ha acercado al rincón de la mesa donde estábamos nosotras y se ha colocado al lado de ella, pero sin dejar de mirarme ni un instante.

Y ahí es cuando me he dado cuenta. La ventaja de ser observada, es que puedes observar. ¡Sofía esta pilladita por su jefe! Porque resulta que el gafapasta, es su jefe. Se hablan de tú, se complementan y se nota la complicidad, los años de trabajo juntos. En diez minutos me han demostrado dos cosas: que como equipo de trabajo valen más que todos los demás de la sala juntos y que a Sofía se le cae la baba por él. Qué fastidio, he pensado al principio, a mí que me gustaba esta chica y la quería invitar a tomar algo después de salir... y justo entonces, mirando como ella lo miraba a él, es cuando se me ha ocurrido la idea.

Esta chica está colada por él, pensé, entonces si quiero llegar al lado de ella tendré que incluir al chico en el lote. Un par de preguntas y dos soluciones ingeniosas después, él ha puesto su mano sobre la mía. Yo ya me había percatado de las miraditas al escote y de que hablara quien hablara no podía quitarme el ojo de encima. Así que le he dejado hacer. Y la pobre Sofía bebiendo los vientos por él, pobrecita. El amor es ciego, y sordo y mudo y tonto.

Esta circunstancia me ha permitido poder observarla a voluntad. Yo tampoco podía apartar la vista de su pelo negro y rizado, de su piel y de unos pliegues muy graciosos que tiene en sus orejas. No he podido evitar un mohín divertido al levantar la mirada y ver a Sofía sonreír una broma de su jefe de una forma muy dulce.

De pronto una llamada ha roto ese circulo mágico de miradas entre los tres y "nuestro" chico se ha tenido que ir. Perfecto, he pensado. Al fin solas. El poco tiempo más que ha durado la reunión, lo he empleado en camelarme a Sofía para conseguir el número de su móvil. El trabajo ya estaba claro y lo único que quedaba era que los financieros ultimaran el presupuesto y pusieran fecha para empezar las obras.

No me ha sorprendido encontrarlo casualmente delante del ascensor con unos papeles que, vaya casualidad, eran para Sofía. A mí me hubiera gustado despedirme de ella en último lugar, pero no ha podido ser. Allí estaba el, esperándome, dando vueltas nervioso, como un perro enjaulado esperando la caricia de su ama. He cogido disimuladamente a Sofía de la mano, y nos hemos apartado un paso hacia detrás. "Cosas de chicas" habrán pensado, los muy estúpidos. No la he soltado para poder acariciar su piel y ella me ha sonreído con esa luz tan especial que tiene en los ojos. Me he acercado lentamente para disfrutar de su aroma y del contacto de su pelo. Nos hemos dado dos besos como en esas escenas del cine, a cámara lenta, y bastante más cerca de los labios de lo que es habitual.

¡Sorpresa! Creo que a ella también le ha gustado, o al menos eso he creído leer en su mirada. "Te llamaré", he dicho antes de soltar su mano, sintiendo su último apretón. Mientras ella se giraba para preguntarle a su jefe, enfadada pero cariñosa: "¿y esos documentos?".

Él ha esperado hasta el final como un buen chico, dentro de su papel y eso merecía una recompensa. "Dos años" le he susurrado bajito al oído mientras le daba dos besos lentos, y al instante se le han encendido los ojitos.

Dos años tengo, he pensado, para tejer la tela donde caerá Sofía y aunque tenga que usarte como cebo chaval, valdrá la pena el esfuerzo por la recompensa de sus rizos. Quien sabe si además lo pasamos bien tú y yo.

Una punzada de dolor en el pie izquierdo me ha devuelto a la realidad y no he podido evitar morderme el labio fastidiada, mientras las puertas del ascensor se cerraban detrás de mí.

Dos años.

ഓൽ

Cinco minutos...

Fue como una liberación. Me vi reflejado en sus pupilas mientras me acercaba desde arriba y le sostenía la mirada. Mi mano izquierda en su nuca, acariciando su pelo corto y cuando mis labios se juntaban con los suyos, en ese instante, entendí su abandono. ¿Cuánto tiempo habíamos estado esperando los dos ese mismo momento?

Esa sensación: la de abrir una puerta que ya no tendríamos forma de cerrar, la de dejarse llevar y sumergirse dulcemente en el vértigo de los besos, en el aleteo de las manos que se buscan, de los ojos que se encuentran.

El destino, caprichoso, nos había vuelto a juntar. Y los dos, viejos jugadores, sabíamos que ese instante no tenía precio porque lo más probable es que ya no se volvería a producir jamás.

Cinco minutos después, sus ojos me seguían buscando entre los pasajeros de la sala de embarque. Sabía que me estaba siguiendo con la mirada pero yo no podía volver la vista atrás. Ella todavía tendría que esperar una hora más su avión. Después, volveríamos a estar separados otra vez.

Solo fueron cinco minutos, pero los tengo grabados a fuego en mi memoria.

Y cada vez que paso por esa terminal recuerdo el rincón en el que durante ese tiempo, pudimos ser eternamente felices.

ഇ⊃ᴈ

Perfecta desconocida

Querida vecina de asiento,

me gustaría tener valor para decirte que pareces cansada. Pero te miro y me limito a estudiarte, no me atrevo a hablar contigo. En tu rostro se nota que ha sido un día duro y tu semblante refleja el fragor de la batalla. Me gustaría decirte que esa huella, tan humana, te da un aspecto tierno y otorga a tu mirada una dulzura que yo considero especial.

Creo que no eres el tipo de mujer despampanante que llamaría la atención de los hombres al pasar, más bien eres discreta y elegante. Nada que ver con el ejemplar que acabo de cruzarme en el pasillo del avión andando lenta y cadenciosamente con una ceñida falda de cuero rojo, arrastrando una maleta del mismo color y un montón de miradas y deseos detrás. Pero hay algo en tu mirada y en tu sonrisa sincera que ha llamado mi atención. Quizá sea ese rasgo tan humano del bostezo, algo tan natural que te ha sorprendido a ti también. Ya es tarde cuando vamos a despegar y los dos, en eso coincidimos, no paramos de bostezar. Ha sido curioso cuando nos hemos visto el uno al otro con la boca medio abierta y nos hemos reído. ¡Vaya par!

El avión va casi lleno, pero curiosamente entre nosotros hay un asiento vacío.

Tú has escogido ventanilla, yo pasillo. Y hemos tenido suerte: así no hay nadie que nos moleste, no se interpone nada entre nosotros.

En realidad, pienso egoístamente: nadie que *me* moleste. Así, con la excusa de mirar las maniobras de despegue y el paisaje, puedo observarte sin que te des cuenta. O al menos eso quiero creer (que no te das cuenta de que te observo). No tengo ganas de leer, me interesa más fijarme en tus manos, pequeñas y cuidadas, pero que te empeñas en esconder porque seguramente no estás muy orgullosa de ellas.

Tu peinado, cuidado, con ese aire tan "casual", un buen reloj en la muñeca y un bonito anillo en tu dedo corazón. Un suéter gris y unos vaqueros ajustados, zapatillas planas: comodidad para viajar. Ningún artificio. Sencillez. Me gusta la idea que transmites, que reflejas en el brillo de tus ojos marrones. Los mismos que cuando se han cerrado, intentando conciliar el sueño, no han parado de moverse inquietos debajo de los párpados. Intuyo que te sabes observada. Pero tu aspecto no delata intranquilidad, creo que más bien te dejas mirar...

Es imposible abstraerse del ruido que hace un grupo de chiquillas en el fondo del avión y un comentario casual hace que te gires y me mires. Tu sonrisa resplandece, me parece muy atractiva, ilumina tus facciones, pero giras enseguida la cara. Me he dado cuenta de una sombras en la piel de tus mejillas y que no llevas maquillaje ni colorete.
¿Acaso te avergüenzan esas manchas? ¿Por qué? Forman parte de todo el camino que llevas recorrido

y que te ha traído al asiento de este avión, hoy. No hay nada de lo que arrepentirse o avergonzarse. Tu edad la calificaría de indefinida, pero tu manera de moverte te hace tener un aspecto muy juvenil. Tu cuerpo se revela, a través de la ropa holgada, delgado y flexible y por si fuera poco, he podido observar que te has doblado por completo para coger algo que se te ha caído al suelo, sin ninguna dificultad.

Lamento el examen al que te sometí, como verás tan solo me atreví a mirarte como lo más interesante que había en un avión tardío de vuelta a casa.

Lamento profundamente no haber reunido el valor suficiente para empezar una conversación contigo. ¿Sobre qué? No sé, algo intrascendente que me hubiera permitido ver tu sonrisa otra vez.

Quizá en el próximo vuelo de vuelta de Sevilla.

Hasta siempre perfecta desconocida.

഻ఋ

Tu mirada

Mirarte a los ojos, fijamente. Y observar cómo se va desvaneciendo tu mirada, incapaz de devolverme su reflejo porque sientes que el mundo se desvanece bajo tus pies, que las piezas del puzzle de tu alma se desordenan durante unos breves y, a la vez, eternos segundos.

Instantes en los que sabes que lo único que te ata a este mundo son mis manos, que te sujetan y te aman. Las mismas manos que te hacen desmayar son las que te devolverán a la vida, abrazándote.

Y eres incapaz de hablar, de decir nada. Tampoco hace falta. Al volver de tu viaje y abrir los ojos, lo único que necesito ver es tu mirada.

ೞೞ

Cuidarte

La verdad es que no se lo esperaba. Sus ojos reflejaban uno de esos intensos dolores de cabeza que la obligaban a recluirse y a excluirse del mundo. Parecía cansada y su mirada vidriosa le decía que no había terminado su particular vía crucis.

Sin embargo estaba tranquila cuando le dijo aquello:
- Estoy segura de que si por una casualidad me pusiera de verdad enferma, tú no me cuidarías.

Él se quedo sin contestar y no pudo evitar que la perplejidad se asomara a su cara. Y lo peor es que, pensado con frialdad, como siempre tenía algo de razón. No estaba seguro de que pudiera cuidarla. Por supuesto que procuraría que no le faltara de nada, pero... quizá fuese ese el problema. Si la cuidara como se cuidaba él, estaba seguro de que no lo haría nada bien.

Ya no había cariño ni ternura entre los dos. Hacía mucho que ambos, lejos de ocultarse la realidad el uno al otro, la habían dejado de una manera tácita a un lado. Una solución sencilla, como si no hablar de ellos como pareja eliminara el problema. Por supuesto que tenían una vida en común, un hijo, una casa, algunos amigos comunes, el perro... todo tan normal.

Pero ambos sabían que el peso de la cotidianeidad hacía mucho que había sepultado bajo un montón de escombros lo que un día pudieron sentir el uno por el otro. Un aburrido cúmulo de rutinas y silencios sobreentendidos.

No fue ninguna sorpresa cuando al llegar a casa, después de un largo viaje de trabajo, se encontró una nota en la puerta del frigorífico que decía:

- "Adiós. No voy a volver. Me voy con mi médico, estoy segura de que ella sabrá cuidarme mejor que tú. Ya te llamará mi abogado para los detalles. Me llevo al niño. No me busques, no me llames, no quiero saber nada de ti".

En los primeros momentos no supo como reaccionar, al pasear por la casa desierta, viendo los cajones medio vacíos y los armarios abiertos. Todavía quedaban muchos juguetes del crío en las estanterías de su cuarto. Objetos compartidos en el cuarto de baño, los trastos de la cocina... es muy difícil borrar el pasado de un plumazo, siempre quedan astillas que se quedan clavadas en el corazón.

Que fácil era romper y empezar de nuevo, se dijo, si tienes un punto de apoyo. Volver a empezar es algo con lo que él había soñado muchas veces, pero nunca se había atrevido a hacer. Al cabo de un rato, sentado en un sillón, con la mirada perdida, no pudo evitar sonreír.

Habría quien se alegraría y mucho de esta nueva situación, pensó.

Cogió el teléfono y marcó. Bastaron tres timbrazos y al otro lado de la línea una voz conocida le respondió:

-¿Ya está? – preguntó.
-Sí. Se ha ido – contesto él.

Sabía que en diez minutos como máximo, todo volvería a empezar. Pero esta vez, se dijo, tendría más cuidado, mucho más cuidado.

ℛℚ

Agradecimientos

Desde que decidí cruzar la puerta que lleva al universo que hay otro lado del espejo, he tenido la inmensa suerte de encontrar en mi camino a un montón de gente maravillosa.

No puedo dejar de expresar a todas estas personas mi más profundo agradecimiento por su apoyo, sus ideas y la sincera emoción que me han sabido transmitir.

Llevamos ya un cierto tiempo recorriendo juntos este camino de baldosas amarillas y espero que sigamos haciéndolo durante muchos años más.

Gracias.
Nos leemos.